Breve tratado
del arte involuntario

Puente editores, Barcelona
www.puenteeditores.com
info@puenteeditores.com

Gilles Clément
Breve tratado
del arte involuntario

Textos, dibujos y fotografías

PUENTE EDITORES

INSTALACIONES
La dama oxidada, Perth (Australia)

Aerogeneradores de Joshua, California (Estados Unidos)

EROSIONES
Barril en el río Aigue Blanche, Saint-Véran (Francia)

Título original: *Traité succinct de l'art involontaire,* publicado por Sens&Tonka, éditeurs, París, 2014.

Traducción: Moisés Puente
Revisión del texto: Marta Rojals

© del texto y de las imágenes: Sens&Tonka, éditeurs, 1997 y 2014
© de la traducción: Moisés Puente
y para esta edición
© Puente editores, Barcelona, 2024

Printed in Spain
ISBN: 978-84-127124-6-9
Depósito legal: B 18697-2023
Impresión: Gráfiques 92 s.a.

Índice

INSTALACIONES
El jardín de los huevos, Bali (Indonesia)

CONSTRUCCIONES
Kirstenbosch, Ciudad del Cabo (Sudáfrica)

Para aquellos que saben mirar

Para aquellos que saben mirar, todo es arte. La naturaleza, la ciudad, el ser humano, el paisaje, la atmósfera, aquello que se llama "humor" y, sobre todo, la luz.

Además, todo el mundo conoce el arte de los artistas, el que lleva firma. Pintores, escultores, músicos, escritores, cineastas, bailarines, etc., están llamados a la causa de la cuestión del arte sobre la que, como sabemos, siempre hay mucho que decir.

Sin embargo, existe un espacio indefinido donde se cruzan el dominio elemental de la naturaleza —las circunstancias-— y el territorio marcado por el ser humano.

Este terreno de encuentro produce figuras tan lejanas como cercanas al arte, según las definiciones que de ellas se den. Por mi parte, considero como arte involuntario el feliz resultado de una combinación imprevista de situaciones o de objetos organizados conforme a unas reglas de armonía dictadas por el azar.

Este arte poco estimado, pues no es premeditado, flota en la superficie de las cosas. No tiene peso, pues la sociedad no se lo da. Es un arte sin estatus, sin discurso, tan carente de mensaje que uno puede leerlo, finalmente, por lo que representa —una figura del azar— sin estar obligado a llevarlo más allá de sus propios límites. Es un arte desvalido, privado de acciones y misiones oportunas; se zafa de la política, se muestra con prisa y desaparece de inmediato. Privado de consistencia útil, nadie puede sacar partido de él porque no pertenece a nadie. Es un estado de ser fugaz y sutil. A veces una luz.

Sobre todo, se trata de una mirada.

Como cabía suponer, este arte carece de un autor identificable. Sin el peso de la firma, de repente una obra adquiere ligereza, se ofrece sola y ofrece una paternidad basada en el propio juicio a quien quiera asumirla.

A fuerza de encontrar y coleccionar imágenes de arte involuntario por todo el mundo, acabé agrupándolas en ocho categorías —el número de categorías puede aumentar o disminuir a voluntad—, lo que me convenía para abordar la cuestión. Luego las ordené según una progresión que va desde la mayor distracción del ser humano en su territorio hasta el esbozo de un dispositivo construido, a veces incluso hasta una tentativa de acceder a la obra.

Pero, en todo caso, la obra se presenta, casi sin querer, en la única e imprevisible puesta en escena de las circunstancias de la vida. A nadie se le ocurriría extraerla de este emplazamiento frágil y anónimo.

Por todo esto, los ejemplos escogidos nunca muestran los prodigios de la naturaleza por sí solos, el esplendor de unos enclaves salvajes perennes y fantásticos, grandiosos y turísticos. No: se trata más bien de accidentes menores y furtivos nacidos de los encuentros entre los mundos vivos de la naturaleza y ese gentío que trata de vivir por todas partes: pequeños arreglos sin consecuencia o gestos aventureros, huellas imprevistas del ser humano en la tierra.

Intento de clasificación de las diferentes categorías del arte involuntario

Vuelos
Acumulaciones
Islas
Construcciones
Erosiones
Instalaciones
Huellas
Apariciones

Vuelos y *acumulaciones* abordan elementos de absoluta aleatoriedad, comenzando por el más escurridizo de los actores: el viento; y no por lo que este esculpe, sino por lo que mueve.

En esta categoría también podemos incluir todos los materiales amorfos, sustancias compuestas por partículas de diverso tamaño cuya tendencia es fluir, como la arena y el agua.

Islas se encuentra entre lo sólido y lo fluido, trata de emergencias aisladas que teatralizan el carácter privado de su naturaleza.

Erosiones y *construcciones* van juntas y aluden al trabajo humano en su territorio, pero en ambos casos parecen huir de una decisión definitiva.

Sin embargo, la intención de la obra es comprensible y puede llegar tan lejos como:

Instalaciones, término que hoy en día se utiliza para designar una obra de un artista en el / en un espacio, si bien las instalaciones de arte involuntario solo se limitan a parecerse a ellas.

Las *huellas* atraviesan los diversos campos que conforman los deseos y el azar. Este es el terreno de la incertidumbre. Permite acomodar todas las obras que no pueden encontrarse en otro lugar.

Apariciones se refiere al encuentro efímero de formas y colores que, durante el disparo de una fotografía, transforma los componentes del espacio en un cuadro posible. Siempre se trata de seres animados.

Reflejo de llamas sobre una acuarela de Lucienne Tailhade-Collin,
La Vallée, Creuse (Francia)

Vuelos
Lonas de protección, Noidan, Côte-d'Or (Francia)

VUELOS
Arrozal en Suzhou, lago Tai (China)

VUELOS
Cruce, Tijuana (México)

VUELOS
Llanura de Marrakech (Marruecos)

VUELOS
Estación de Bari (Italia)

ACUMULACIONES
Aparcamiento, cabo de Guardia, Annaba (Argelia)

ACUMULACIONES
Montaña Craddle, Tasmania (Australia)

Islas
Macizo del Teide, Tenerife, islas Canarias (España)

Islas
Ein Gedi, mar Muerto (Israel)

Islas
Cementera, carretera de Marrakech a Esauira (Marruecos)

Islas
Korixhas (Namibia)

CONSTRUCCIONES
Casco antiguo de Delhi (India)

CONSTRUCCIONES
Laboratorio Soleil,
Plateau de Saclay (Francia)

CONSTRUCCIONES
Casco antiguo de Delhi (India)

Vieja falsa acacia (*Robinia pseudoacacia*
"Umbraculifera"), estación
de Saint-Sébastien, Creuse (Francia)

Puerta caída a la salida
del Intercity entre París y Limoges
(Francia)

Barrio Sudac, París (Francia)

EROSIONES
Aldea de Tautira después del ciclón Veena, Tahití (Polinesia Francesa)

EROSIONES
Mesa de jardín, La Vallée, Creuse (Francia)

INSTALACIONES
Ereván, carretera de Masis (Armenia)

INSTALACIONES
Siega en La Sarrasine, Ardecha (Francia)

Huellas
Recorrido del caracol por el polen
primaveral, La Valée, Creuse (Francia)

Huellas
"Mártir" del techador,
La Berthonnière, Creuse (Francia)

Huellas
Trazas de hojas de *Prunus x "Shirotae"*, La Valée, Creuse (Francia)

APARICIONES
Hotel Mercure Créolia, Saint-Denis (Reunión)

APARICIONES
Isla de Santiago, Galápagos (Ecuador)

APARICIONES
Estación de Saint-Charles,
Marsella (Francia)

APARICIONES
Jardín botánico de San Francisco,
California (Estados Unidos)

APARICIONES
Jardín de Pamplemousses, isla de Mauricio (República de Mauricio)

Breve tratado de arte involuntario

VUELOS
Arrozal en Bali (Indonesia)

Vuelos

Mouille-Point, Ciudad del Cabo (Sudáfrica)
Olifant Road, Puerto Elizabeth (Sudáfrica)
Llanura de Marrakech (Marruecos)
Arrozales de Kerobokan, Bali (Indonesia)
Mahambo (Madagascar)
Ouvèze, Vaison-la-Romaine (Francia)

Moderno, impermeable y con fama de imputrescible, el plástico embala, envuelve, protege, conserva y se acaba desechando.

Es a partir de ese momento que escapa al destino normal de los residuos pesados y sale volando. Esto se debe a su ligereza y su gran exposición al viento. Aunque todo el mundo lo sabe, a nadie se le ha ocurrido seguir el curso de una bolsa de plástico. Lo hacemos con las aves migratorias o los mamíferos en peligro de extinción, pero hasta ahora no se ha mapeado el destino de los plásticos. Sin embargo, conozco lugares de alta concentración, nidos, cruces de caminos y pistas donde se reúnen los plásticos policromos de nuestra civilización. No todos ellos son dignos de ser observados con simpatía, pero algunos han marcado el paisaje de un tiempo en la frontera entre lo aceptable y lo desolador. Quizás entre ellos todavía haya algunos que sean lo suficientemente duraderos como para identificar el espacio en términos que aún dudamos en calificar: el "Campo de los

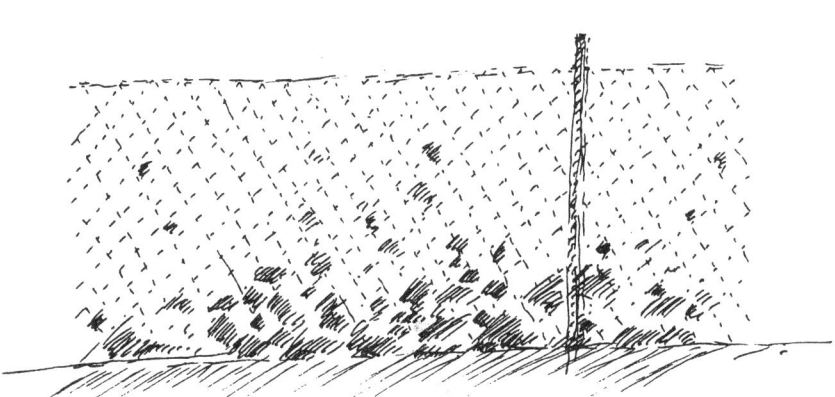

asustados", la "Rejilla de las ilusiones", el "Arrozal de las botellas", ¿quién sabe?

Los terrenos de estas acumulaciones son indeterminados, aunque no siempre: los vuelos no tienen asignado un territorio social.

Mouille-Point, barrio residencial de Ciudad del Cabo (Sudáfrica)

Cercado por una valla de malla metálica de la altura de una persona, el impecable campo de golf de Mouille-Point se extiende en las afueras de la ciudad, junto con los campos de béisbol y las villas de Green-Point, una zona residencial de lujo.

El cercado está tan expuesto al viento del sur que el vuelo de las bolsas de plástico se detiene en toda la longitud de la valla. A veces deja escapar pequeños jirones arrancados por el desgaste de las bolsas rotas.

Lanzados al aire con susurros de una leve agonía, los productos de desecho de la humanidad que juega —en este caso en el *green*— se distribuyen de arriba abajo de acuerdo con la ley de la caída, cuya fuerza normal de la gravedad actúa con dificultad. Algunos fragmentos tienden a subir, otros se desplazan lateralmente, pero la mayoría se quedan parados, como carrillos hinchados en la valla: exposición vertical de un estado social donde los envases a la deriva se convierten en material artístico.

Una arqueología resumida, de valla en valla, pone de manifiesto las pequeñas debilidades de un grupo humano que se abastece en supermercados. Podría elaborarse un inventario de los productos que consumen.

Hay también algunos papeles, pero la lluvia acaba estropeándolos. Por su parte, el sol abrasador despolimeriza y hace quebradiza la materia, normalmente flexible, de los vuelos. El tiempo

deteriora el cuadro, pero la ciudad, que también es una formidable proveedora de materia, alimenta el viento para asegurar su constante renovación.

Olifant Road, Puerto Elizabeth (Sudáfrica)

La disposición de los plásticos a los lados de la carretera es la misma que la de las flores primaverales en las llanuras templadas o, algo más tardíamente, en las montañas, cuando los astrágalos y las campanillas salpican los pastos de esparceta.

El ralo y nauseabundo matorral de las ciudades al norte de Puerto Elisabeth está salpicado de escombros policromos, algunos de los cuales, repetidos por miles, se encargan de unificar el paisaje. La extrema densidad de los plásticos que se aferran a los arbustos consigue transformar el monte bajo africano en una trama áspera y rugosa, como un tapiz de puntadas muy grandes.

Se trata de un parterre para mirar desde lo alto, desde las plantas de una torre de mediana altura o desde la copa de un árbol, si es que hubiera alguno.

En los países más pobres no se tira nada; los residuos no existen. La ingeniosa industria nacida de la pobreza lleva al reciclaje indefinido de los productos y subproductos de la sociedad. Pero aquí, donde la miseria se codea con la opulencia, podemos ver claramente que el reciclaje de las "líneas de depósitos" urbanos (como existen las líneas de depósitos de bajamar) se está quedando sin fuelle por sobredosis; hay demasiadas. La ciudad produce desechos a partir de sus desechos. El viento se encarga del resto.

Llanura de Marrakech (Marruecos)

La organización de los plásticos en los páramos esteparios alrededor de Marrakech es similar al de Olifant Road, pero en este

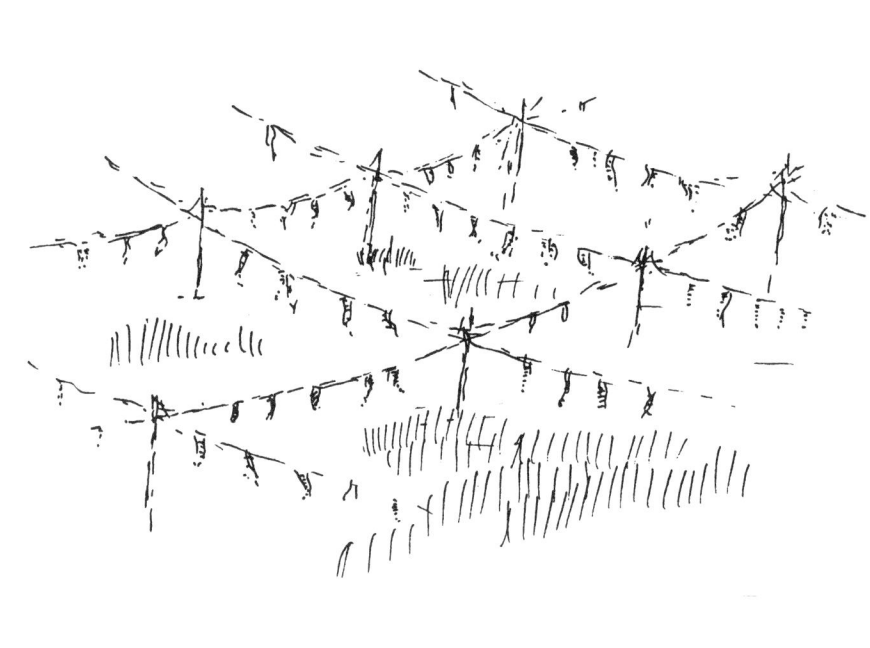

caso el suelo está realmente pelado, los arbustos muy marchitos y, sobre todo —esto marca una gran diferencia—, el material de los fragmentos arrastrados es uniforme: translúcido, brillante o blanco, sin color. El efecto producido es el de un centelleo. En el paisaje prácticamente plano, los arbustos grises cargados de plásticos conforman un zócalo de luz del Atlas.

Arrozales de Kerobokan, Bali (Indonesia)

Sin duda, quienes mejor hacen uso del centelleo son los indo-malasios, que disponen alambres sobre los arrozales de los que cuelgan unas tiras de plástico transparente. Su movimiento espanta a los pájaros. Esto sucede justo antes de la cosecha, cuando nubes de *burung padi* bajan a picotear las espigas.

Este dispositivo de resistencia a la depredación es moderadamente efectivo y se suma al pequeño arsenal de disuasión que se utiliza en estas regiones: espantapájaros de diferentes tipos y especialmente xilófonos de bambú que se impulsan con el viento, como los aerogeneradores.

Los pájaros acaban acostumbrándose, de ahí que haya un guardián de los arrozales —la mayoría de las veces un niño o un anciano, a veces una mujer— cuya misión es emitir sonidos agudos o roncos a intervalos irregulares para ahuyentar a los pájaros. Cuando se oye este grito, esto quiere decir que está cerca el tiempo de cosecha.

Con mucho gusto hubiera clasificado este "arreglo con los animales" en la categoría de *instalaciones* si el viento que golpea el plástico no desempeñara un papel esencial, similar a los vuelos salvajes, aunque en este caso estén controlados.

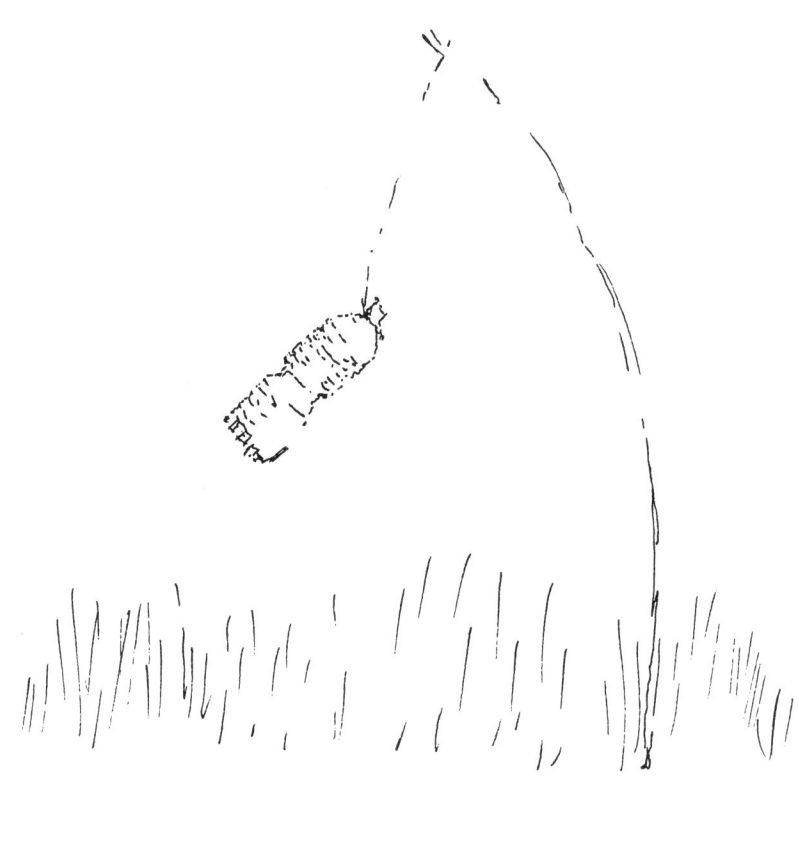

Mahambo (Madagascar)

En los arrozales malgaches a veces se encuentran botellas de plástico que cuelgan de un hilo del extremo de un bambú, como una caña de pescar. Al parecer se trata de espantapájaros.

Cabe señalar que en este país no se tira nada.

Ouvèze, Vaison-la-Romaine (Francia)

Después de una crecida, solo resistieron los árboles y algunas construcciones antiguas en el tumulto del Ouvèze.

La vegetación pegada a las riberas y aquella más suelta del cauce mayor habían dejado escurrir el agua y retenido el paso de los elementos flotantes más gruesos. Mutilada, quizás tumbada, pero viva aún, la vegetación salía de la crecida completamente cubierta de flecos blanquecinos que habían opacado la agitada temporada del torrente.

Las lonas de uso agrícola, provenientes de los campos devastados río arriba, centrifugadas durante varios kilómetros y cortadas en tiras de dimensiones aptas para flotar, habían aparecido irreconocibles y salvajes, posadas en las ramas, mientras el agua retrocedía.

Apenas recuperada de su desconcierto, la población se apresuró a borrar las huellas más innobles de la devastación. Un ejército de voluntarios se puso a limpiar las riberas, retirando uno a uno los trozos de plástico.

La *land-artización* de las riberas del Ouvèze por los plásticos de uso agrícola tuvo solo una vida efímera: el tiempo de desmontar el artificio de lo que curiosamente se llama "desastre natural".

En algunos lugares, los plásticos y los jirones pueden persistir en las vallas o en las matas de espinos, en otros se eliminan porque recuerdan demasiado a la desgracia que los trajo allí, como para denunciar sin rodeos una gran torpeza humana.

CONSTRUCCIONES
Tablas de madera bajo aguanieve, Tasmania (Australia)

45

ACUMULACIONES
Al este de Marrakech, carretera hacia Esauira (Marruecos)

Acumulaciones

Cañaverales, isla de Mauricio (República de Mauricio)
Río Swakop, Goanikontes (Namibia)
Balas de cañón, la Alhambra, Granada (España)
Las pilas de Tamatave (Madagascar)
Montaña Craddle, Tasmania (Australia)
Muelle de Tolbiac, París (Francia)

Como resultado de un flujo, la pila —prominencia plebe-ya— toma casi siempre la forma de una pirámide, prominencia noble.

A diferencia de las verdaderas pirámides, obras construidas mediante un apilamiento razonado, de abajo arriba, las acumulaciones son resultado de una disposición aleatoria de masas en un movimiento que va de arriba abajo; fluyen.

Sin consultar a nadie —¿cómo podrían?—, las acumulaciones, las pilas, las acumulaciones en pilas conforman formas estables sorprendentemente fijadas por una súbita interrupción del flujo o del amontonamiento. Parecen dispuestas a desmoronarse, pero no lo hacen. En ellas, todo conserva el recuerdo de un movimiento súbitamente detenido en el tiempo.

Sin freno posible, por la simple invitación a caer, las acumulaciones consiguen su elegancia. Un poco como esos tejidos plega-dos arrojados casualmente sobre el respaldo de una butaca, cuyos

pliegues se organizan de manera exacta, sin que nadie los haya pensado.

Cañaverales, isla de Mauricio (República de Mauricio)

La isla es un volcán desgastado y achatado.

En medio de los cañaverales, especialmente en la zona del aeropuerto, una disposición regular de montículos sombríos repite hasta el infinito la imagen en miniatura del volcán. Se trata de montones negros y opacos de guijarros de basalto; emergen tenuemente de los cultivos y, por contraste, realzan el brillo de las hojas de las gramíneas.

Se supone que el suelo estaba cubierto con las piedras, las bombas volcánicas y otros bloques mezclados con las cenizas. Fueron apilados para poder cultivar la tierra.

De todas las acumulaciones encontradas, estas son las únicas que tienen que ver con la construcción. Sin embargo, se trata de una construcción sin objetivo: los montones no sirven para nada, son el resultado de haberlos apartado y parecen tener que desempeñar para siempre (la eternidad, quizás) un papel adventicio, desconocido para los seres humanos.

Sin embargo, se trata montones "humanos". ¿Cuál sería su diseño visto desde el cielo?

Me encaramé a uno de ellos, un buen lugar para observar otros montones, y otros todavía medio ocultos por el primero, y otros empujados hacia los límites del terreno… Como si en la tierra solo existieran una infinidad de montículos negros y ásperos ahogados en un mar de azúcar por venir.

Río Swakop, Goanikontes (Namibia)

El lecho de este río está seco, como todos los de Namibia. Pero sucede que la lluvia de Windhoek, a unos trescientos kilómetros río arriba, llega al oasis de Goanikontes.

Luego sigue la ruta serpenteante del río Swakop entre las dunas y las rocas desnudas de la planicie lunar. La poca humedad que existe por estos lares permite que crezcan algunos árboles y deposita un limo. Al secarse, este barro se parte en *opus incertum* y los seres humanos, atentos a este ofrecimiento, cogen las placas que se forman y las apilan con cuidado de no romperlas.

Levantadas apresuradamente detrás de una cortina de tamariscos, en el meandro, sobre el lecho raspado del río ausente, las construcciones de limo se ofrecen a la vista, como fardos de heno al comienzo del verano: una cosecha.

Incluso allí donde la vida está ausente, en el terreno abrasado del Namib, queda —no se sabe cómo— una cosecha posible: el barro.

Para ser un desierto tan grande, Goanikontes tiene muchos recursos: es una pequeña fábrica de ladrillos.

Balas de cañón, la Alhambra, Granada (España)

En un nicho de la fortaleza roja hay un montón de bolas blancas. Parecen olvidadas, almacenadas allí desde la época en que alimentaban a algunos grandes cañones.

¿Es realmente una coincidencia? En el muro ocre (medio de piedra, medio enfoscado) aparecen rocas redondeadas de dimensiones comparables a las de las balas de cañón y, aún más extraño, al pie de la torre, crece una chumbera, sola, con unas pencas verdes y unas espinas satinadas, como para insistir en la feliz relación de formas redondeadas en una arquitectura con ángulos militares.

Las pilas de Tamatave (Madagascar)

Después de que nos fallaran todos los planes —puentes cortados y carreteras destrozadas—, nos quedamos en la ciudad más tiempo de lo esperado. Durante aquel crucero terrestre (Tamatave es uno de esos puertos que bebe agua) pasamos y volvimos a pasar delante de los montones: chatarra abollada y oxidada que dibujaba círculos y cuadrados, como en un juego de cartas.

¿Por qué los habían dejado en la carretera? ¿Cuánto tiempo llevaban allí? El clima aquí acelera los procesos de transformación. No es posible datarlos. El ocre indio está cargado de luz como si el sol tropical viniera del interior del material y no del exterior.

La cuarta vez que redujimos la marcha (la carretera estaba llena de baches) nos bajamos del coche para asombrarnos, sin recoger nada, solo para mirar.

Montaña Craddle, Tasmania (Australia)

Cradle, con una sola *d*, significa 'cuna'. Con dos des podemos suponer que su estructura gana fuerza. En este lugar, la montaña acoge un comienzo del mundo, una flora intacta y, de la mano, una fauna de walabís y wómbats que se deslizan entre las matas de hierba roja donde anidan las negras y poderosas serpientes tigre.

En la ladera de un camino invadido por árboles, donde jamás podría aparecer un producto de la industria humana, un montón, bien logrado en su forma, fluye desde el terraplén hacia el tapiz de epacris.

Igualmente mezcladas con las rocas claras, todas ellas iguales, todas ellas igualmente oxidadas, aparecen unas latas de conserva.

El aspecto "ciego" de esta información (nada puede leerse en las latas) coincide con la imposible referencia temporal del lugar. Este montón podría tener hasta millones de años.

En el principio estaba la Cuna, y en esta la Pila.

Muelle de Tolbiac, París (Francia)

En el muelle de Tolbiac, directamente sobre los adoquines, hubo hace mucho tiempo, antes incluso del nacimiento de la vida, una inmensa montaña centelleante de vidrios.

Vidrios verdes, azules, marrones; jarrones, frascos, jarras, cuencos, vasos, ampollas, pipetas, probetas, pero, sobre todo, botellas, y entre ellas, las de coñac que los vagabundos entresacaban para después venderlas.

Recuerdo la singular música de unos pasos que se deslizaban sobre el volcán de cristal (estábamos protegidos con botas y guantes), los objetos redondos, todavía lisos, rotos, que se movían bajo nuestro peso, aquella atención al color, las luces lejanas y sepultadas que repentinamente se revelaban, las formas desconocidas para usos especiales que queríamos que fueran científicos y secretos. Buscábamos tesoros, la isla era prohibida, el depósito estaba cerrado, y era visitado temprano por la mañana y entrada la noche por cazadores de gangas y gente como nosotros, emboscados en las empalizadas.

De esa época todavía conservo un gran botín. Aquella acumulación tenía todo un laboratorio en su alma.

Islas
Desierto de Namib (Namibia)

Islas

File, Asuán (Egipto)
El *veld*, Khorixas (Namibia)
La duna de Tinfou (Marruecos)

La cuestión de la isla es la del plano de referencia. ¿De dónde emerge? ¿Del mar?, ¿del nivel del mar?, ¿de la tierra?, ¿de los niveles de la tierra? ¿Qué horizonte elegir para observar, por contraste, la situación insular?

A algunas *îles océanes*[*] —así se las llama en los mapas— les cuesta separarse del continente. Casi podemos tocarlas desde la orilla. Las mareas las amarran e inmediatamente las sueltan. Son rocas de litoral, se comunican con el mundo.

Otras, lejanas, se rodean de un aura propia de los objetos raros, incluso inalcanzables. Por muy bellas que sean, el tiempo dedicado a acercarse a ellas las convierte en magníficas o sagradas.

Pero las islas del arte involuntario poco tienen que ver con la distancia. Poco importa que sean cercanas o lejanas. Son, sobre todo, islas —es decir, están aisladas—, completamente diferentes del entorno en el que aparecen. Aunque su forma se parece a las

---

[*] Las *îles océanes* son aquellas islas de la costa atlántica francesa —como Oléron, Ré y Aix— que están tan cerca del continente que, en algunos casos, son accesibles por tierra con la marea baja [N. del T.].

acumulaciones y las pilas, no pueden relacionarse con estas, ya que su apariencia es unitaria, compacta y radicalmente insular.

File, Asuán (Egipto)

Las aguas crecientes del lago Nasser dejan ver cimas que se han convertido en islas. Una de ellas, visible desde File, parece un buque de guerra e imita casi a la perfección la escultura de Jean Amado del estanque del Parc Floral de Vincennes.

¿Quién crea la obra? En la naturaleza (muchas veces combinada con el artificio), ¿quién hace qué?

Por todas partes, el relieve de roca y arena renueva la imagen de un sistema erosionado por el viento y siempre privado de agua. Sin embargo, esta disposición de bloques separados entre sí con precisión, este pico, pone de manifiesto una cima que, hace unos años, apenas habríamos rozado con la mirada cuando todavía estaba en lo alto del cerro.

El *veld*, Khorixas (Namibia)

El *veld*, una sabana boscosa extremadamente árida, recorre la costa de los Esqueletos, lugar donde muchos barcos han encallado. El semidesierto pedregoso está salpicado de arbustos raquíticos y árboles bajos detrás de los cuales las jirafas apenas pueden esconderse.

En busca de la *Welwitschia mirabilis*, atravesamos el bosque petrificado de Khorixas donde crecen especímenes jóvenes de esta mítica planta. Provista de dos hojas únicas, alargadas y en continuo crecimiento, y que el viento del desierto convierte en tiras marrones, la *welwitschia* —mitad pulpo, mitad fregona— se arrastra por el suelo seco de la sabana.

Allí, detrás de un lecho de arenisca negra, se alza una forma-ción de rocas claras, dispuestas como llamas; son el único foco en el paisaje chamuscado: una isla.

Nos asombra, es casi una bandera. Los bosquimanos la han convertido en un hito, un punto fijo en el viaje del desierto.

Una baliza terrestre.

La duna de Tinfou (Marruecos)

Fragmento de erg en el reg, un poco de arena en medio del desierto de piedras, así es la duna de Tinfou, una verdadera isla.

En la llanura de Tinfou, el viento del sur, al agotarse, deposita la arena en este lugar. En ninguna otra parte.

Todo el desierto está ahí, bien concentrado en un solo punto, al sur de Zagora, al alcance de los turistas que van de excursión. Pai-saje ideal, idealmente enmarcado en el frente empinado del valle del Draa. Se alquilan camellos para hacer fotos.

Un poco más lejos, hacia Mhamid, los cordones móviles de las dunas anuncian el Sahara. Para fijar el movimiento de la arena, para proteger un canal, un redil, un *ksar*, el ser humano ha insta-lado enormes fajinas de palmas secas en forma de damero.

Cuneta de la carretera de Yuanmingyuan (antiguo palacio de verano),
Pekín (China)

Construcciones

La renovación del huerto, Gien (Francia)
Paravientos, Oukaimeden (Marruecos)
Empalizada en Huonville, Tasmania (Australia)
Tablas de madera bajo aguanieve (Australia)

Una parte de la arquitectura corresponde a los arquitectos. Otra se les escapa, se resiste al encargo del proyecto y se despliega de manera espontánea en el terreno de las emergencias cotidianas.

Esta arquitectura de "construcciones elementales" depende del individuo. Apela a su instinto legítimo de levantar cercados o procurarse un cobijo. Se sirve de materiales propios del lugar donde se instala y traduce la aptitud propia de cada cual para construir un edificio útil sin medios.

En este tipo de arquitectura, lo útil es lo primero que se expresa. Pero siempre llega el momento en que la técnica se libera de un papel a la que estaba sujeta para traducir un aspecto inmaterial de la cuestión. Actúa como una extensión lógica de su implementación, pero deja de asumir una función conocida, casi por el mero placer de existir.

Así, el muro se alarga o se curva sin propósito aparente, el tejado se inclina y se eleva, el cercado acaba en un tótem o en una pila, como si, para sus estrictas funciones, las formas no pudieran contentarse con existir.

PLAN

Para excusar una debilidad —la incapacidad de contentarse con lo necesario—, el ser humano despliega un ardor que disimula el genio personal del artesano.

En el detalle agrícola, donde menos se espera el arte, un desajuste aparentemente benigno entre lo que es útil y lo que no lo es, de repente, se convierte en corpulencia.

La renovación del huerto, Gien (Francia)

En este huerto, que sigue la tradición de vides emparradas sobre el trazado de las sendas, la vendimia se efectuaba a un metro del suelo, sin agacharse.

En abril, desde la entrada, podía verse el esqueleto de los racimos de albillas trazado en horizontal contra el almacén al fondo.

Espectáculo clásico en un lugar destinado a la producción de frutas. Sin embargo, en Gien, el muro mantiene una relación tan gratificante con su anfitrión que ninguno de los dos podría prescindir del otro. Un preparado, el caldo bordelés, recubre el estucado con este color inconfundible de los óxidos que titubean entre el azufre y el cobre, y que brilla entre ambos. Verde, azul, gris verdáceo luminoso…, el tratamiento es para las vides, pero es la pared la que lo recibe.

Paravientos, Oukaimeden (Marruecos)

A los pies del Atlas, los cultivos van mermando poco a poco y se van aterrazando. Antes de las grandes subidas, algunos cultivos, aun expuestos a los vientos de la planicie, se rodean de setos: hileras de cipreses apretados entre sí, árboles erectos que tienden hacia el cielo.

De entre todos los campos que ofrece el paisaje, hay uno que se expone de una manera distinta a la vista, al viento y a atravesarlo. Su cerca de paravientos de adobe resguarda unos árboles frutales, algo que suele suceder cuando el suelo es lo suficientemente profundo. Más que verlos, los intuimos. Aparecen en fila, detrás del pequeño espacio que deja el solape oblicuo cuidadosamente dispuesto entre los muros.

Esta manera de cortar el viento a lo largo de la carretera de Oukaimeden, antes de abordar la montaña, es única.

Empalizada en Huonville, Tasmania (Australia)

La parte superior del recinto del jardín —una empalizada de madera ensamblada— podría no haberse podrido si las tablas hubieran sido de pino Huon. Este árbol de Tasmania, de gran longevidad, tiene una fibra excepcionalmente fina al corte, un poco como el boj de los boliches pulidos, amarillos y perfumados. Este árbol, de lento crecimiento, llega a vivir más de mil años, ¡incluso dos mil! Los registros temporales hacen que compitan con el pino de Oregón y la secoya.

Protegido en la actualidad, el *Lagarostrobos franklinii* (este es su nombre científico) ya no abastece los talleres de artesanía de Tasmania. A diferencia de sus vecinas, probablemente más antiguas, la empalizada de Huonville de madera pobre no resistió la intemperie.

Remodelada, adquiere la apariencia de una sinusoide amortiguada.

Tablas de madera bajo la aguanieve (Australia)

En todo el bosque, la organización de los troncos, dispuestos con precisión, da lugar a construcciones.

Tablas de madera alineadas entre estacas o sostenidas por árboles aún en pie, colocadas en bloques dispuestos sobre el suelo de árboles caídos, esparcidas por el monte bajo o incluso disimuladas por los rebrotes de un aclareo, la madera se almacena con rigor y paciencia. Se trata de un edificio transitorio y seguro. Exige gestos inmemoriales, un tiempo de supervivencia, un rito. Una pila de leña no es cualquier cosa.

En este caso, la pila había creado un inmenso charco negro a sus pies, donde se reflejaba. ¿Resina lavada de una lluvia reciente?

Partida, la madera bajo la aguanieve mostraba mejor el blanco de las fibras internas. Pasaron unas nubes que de otro modo no habría podido ver desde donde estaba.

Erosiones

Un barco en Leticia, Amazonas (Colombia)
Barril en el río Aigue Blanche, Saint-Véran (Francia)
El puerto de Montreal (Canadá)

El paso del tiempo afecta a todo.

Para el paisaje, la erosión significa relieve, motor de un sistema en constante evolución. Sea calmo o violento, en general el relieve —incluso el alpino— es resultado más del desgaste que del alzamiento. Y la naturaleza se apresura a cerrar las heridas del suelo en movimiento.

Para la ciudad, la erosión significa ruina.

Las ruinas no siempre acceden a los catálogos arqueológicos de prestigio. Se amontonan y mueren, huyen de la vigilancia, fracasan en esta inmensa playa situada entre Sumeria y Chernóbil.

Sus huellas se borran para siempre. No cabe duda alguna al respecto. Durante las diferentes fases de desaparición se retrasan algunas pausas coloridas.

La erosión transforma.

El óxido es un producto alquímico de dicha transformación.

EROSIONES
Un barco en Leticia, Amazonas (Colombia)

Un barco en Leticia, Amazonas (Colombia)

Brasil, Perú y Colombia se encuentran en un puerto del río Amazonas, en Leticia.

Aunque muy al oeste de su desembocadura, el Amazonas —cruce natural del contrabando— es ancho y navegable. En los hoteles de madera carcomida, las habitaciones se perfuman con marihuana para ahuyentar a los mosquitos.

El puerto es un pontón tambaleante donde amarran transbordadores y barcazas. La selva bordea el río y se desvía de él en zonas donde los pantanos no permiten que crezca ningún árbol. ¿Cómo ha llegado este barco hasta allí, hundido en la hierba? ¿Una ola enorme? ¿Un tsunami de agua dulce?

¿Encalló porque se secaron las cuencas? Parecía agazapado, por así decirlo, "instalado" en la selva. La erosión del casco había transformado la barandilla y las chapas en un amasijo rojo. A las seis de la tarde y a las seis de la madrugada, el sol horizontal eleva la selva, toca el barco un poco desde abajo y este se enciende.

De entre el follaje, se podía admirar —dorado al amanecer y rojo al atardecer— lo que de él brotaba: una última resistencia al viaje.

Barril en el río Aigue Blanche, Saint-Véran (Francia)

Tan cerca de las cumbres, el barril en el lecho del río no podía venir de muy lejos. Sin embargo, la corriente del torrente había sido suficiente para abollarlo en toda la superficie, esculpirlo en protuberancias redondeadas.

Inclinado sobre los guijarros blancos, podía verse desde lejos. El arte se veía por todas partes: en la oxidación uniforme de los relieves, en su distribución sobre la chapa, en el cuidado del

material —que no se había perforado en ninguna parte— dispuesto a recibir una caricia de la mano.

En cada uno de los huecos cabe un guijarro. Al ver el lecho del río tan pedregoso, uno se pregunta cuántos barriles se necesitarían para elevar la huella del río Aigue Blanche y cuánto tiempo para entregárnosla así: erecta, oxidada, secretamente codificada.

El puerto de Montreal (Canadá)

Aparte del acero corten y de algunos objetos concebidos para vivir con el óxido, la civilización del metal y del vidrio se esfuerza por conservar siempre el brillo de los materiales, su nitidez, prueba de un dominio absoluto del tiempo.

Sin embargo, a los pies de las torres espejo de Montreal se extiende un "jardín de herrumbre" donde cada vestigio de una actividad portuaria desaparecida se muestra como una obra acabada, abstracta y autosuficiente.

Evidentemente, los ediles del casco antiguo invitan a que el arte esté al servicio de la memoria del lugar. Todos son libres de reconstruir la obra rota a partir de un fragmento pisoteado en la hierba a orillas del río de San Lorenzo.

Entre los objetos poco identificables que allí se escenifican deliberadamente, se encuentra un embudo cuadrado del tamaño de una cama de matrimonio.

Instalaciones
Oryx de chatarra, desierto de Namib (Namibia)

Instalaciones

Inventario en Les Colombières, Menton (Francia)
Cubos de basura de Muizenberg, Ciudad del Cabo (Sudáfrica)
Aerogeneradores de Joshua, California (Estados Unidos)
La reja de Wilpena, Adelaida (Australia)
El jardín de huevos, Bali (Indonesia)
La dama oxidada, Perth (Australia)
El oryx (Namibia)

Las *instalaciones* (todo lo que el ser humano instala con ostentación), desde el rincón más privado hasta las grandes construcciones públicas, desde los enanos de jardín hasta las grandes autopistas, se identifican con el arte. Se trata de objetos que se relacionan con el espacio. La última de las *erosiones* (la de Montreal) anuncia el principio de las instalaciones de arte involuntario, de algo que se coloca en alguna parte. El lugar puede identificarse por este nuevo carácter.

Las instalaciones están presentes de diversas maneras en el paisaje. Hemos tenido que escoger.

Inventario en Les Colombières, Menton (Francia)

Por un cambio de propietario, Les Colombières está a la venta. La casa se convertirá en un restaurante y el jardín de Ferdinand Bac en un parque situado a una buena altura sobre Menton.

En el frente de la casa, no hay ni umbral ni puerta doble. Una plataforma imprecisa acoge lo que parecen ser las sobras de una mudanza.

Aquel día, a la luz extinguida de la demasiado rica Riviera francesa, algo viejo y desvencijado golpeaba todo el paisaje. Un poco como si el jardín fuera a deslizarse hacia el mar y, con él, la casa (¿no estaban ya inclinados los cipreses allá arriba?). Toda obra grandilocuente —el paseo monumental, la gran escalera, el templo— habría desaparecido. Mientras tanto, quedarían sin el fraguar del tiempo: un cubo y una escoba, una mesita de noche, un Apolo de cuerpo entero, tres alfombrillas de cama, una butaca, el marco de un cuadro, unos bastones y un sombrero.

Cubos de basura de Muizenberg, Ciudad del Cabo (Sudáfrica)

Nunca hubiéramos contemplado los cubos de basura azules de Muizenberg si una gaviota no hubiera llamado la atención sobre el paisaje desértico del complejo turístico.

Encaramada en una farola en la playa, acababa de soltar un grito, un desgarro agudo, mucho más fuerte de lo que parecería ser necesario para señalar su presencia a las almas abandonadas de la Bahía Falsa.

Los cubos de basura aparecían distribuidos regularmente en el vacío, sobre un cerro herboso y azotado por los vientos; un lugar donde parecía que nadie tiraba un papel, ni siquiera un óbolo.

Una zona bien limpia, el césped bien corto y uniforme, los bordillos limpios y los edificios repintados; un complejo imberbe, solamente manchado con innumerables cubos de basura distribuidos como si fuera acné.

Aerogeneradores de Joshua, California (Estados Unidos)

De camino hacia el desierto de Joshua Tree. Un bosque de aerogeneradores, dispuestos en formación militar, dominan la llanura desde un precipicio.

Fustes blancos contra el cielo azul. Avanzan hacia el vacío con las primeras filas ocultando el grueso de las tropas.

No hay árbol allí que supere la altura de una yuca. El bosque de aerogeneradores acampa en el paisaje de la California central. Y está vigilante.

La reja de Wilpena, Adelaida (Australia)

Para impedir que el ganado se escape de los caminos que atraviesan los campos, se coloca sobre una zanja poco profunda una rejilla horizontal, del ancho del camino, en el punto en que se interrumpe la cerca. La separación entre las barras se ajusta a los cascos de las vacas y los caballos: los animales no superan este límite.

El sistema sustituye ventajosamente a una cancela que tendría que abrirse y cerrarse en cada paso.

Se trata de una instalación modesta, agrícola y con un origen remoto en los pioneros, una marca territorial de los vaqueros en un territorio conquistado. La encontramos en todos los lugares donde la ganadería extensiva cruza la red de caminos.

Al norte de Adelaida, antes del gran desierto, el bosque de eucaliptos merma y desaparece. En la carretera a Wilpena Pound, la reja es un jardín de helicrisos.

En el hueco del foso ha crecido una hierba gris que los coches siegan a su paso.

Por todas partes, el suelo polvoriento no deja crecer ninguna planta. La vegetación incrustada en el dispositivo se funde con él,

aprovecha el frescor subterráneo y adquiere densidad por la siega constante de las ruedas de los vehículos.

Hay países, como Australia, donde, sin saberlo, las rudas camionetas, los Range Rover y demás bárbaros todoterreno construyen delicadamente un jardín.

El jardín de huevos, Bali (Indonesia)

Saliendo de Ngurah Rai para ir a Sanur, uno puede pararse a mitad de camino en la ferrería de Benoa.

Como suele suceder en esta isla, la artesanía no se limita al uso funcional, sino que la desborda. En la ferrería de Benoa, el desbordamiento tomó la forma de un pequeño campo de agaves metálicos cuyas puntas se habían rematado con cáscaras de huevo.

En este jardín, hoy desaparecido, uno podía caminar entre los hierros de color azul celeste y los huevos multicolores, pues el jardinero se había encargado de pintar cada una de las "flores" de un color diferente.

El modelo de este jardín de huevos es un agave que puede encontrarse al borde de las carreteras, del que se protegen los lugareños cubriendo las espinas en lugar de despuntarlas.

La dama oxidada, Perth (Australia)

La dama del jardincito de Perth, toda ella de metal oxidado, es sin duda mucho más que una simple instalación de arte involuntario. Es una escultura.

Sin embargo, el arrojo de la figura, su abandono entre los pastos floridos, la inclinación del busto y del suelo, los montoncitos de tierra recién hechos por los topos combinados con el óxido del vestido, todo esto no podía ser premeditado.

El trabajo del tiempo, los topos y las flores silvestres invitaban al arte a que escapara del recinto por la puerta de atrás.

La dama oxidada estuvo a punto de abandonar la base que la fijaba al suelo, llevándose consigo las flores y el resto del jardín.

El oryx (Namibia)

El desierto de Namib tiene una fauna rica. Cebras y avestruces y varios tipos de gacelas. No es difícil encontrarse con un facóquero o un chacal, pero sí con un elefante. Hace mucho que se fueron de allí.

A menudo solitario, el oryx se queda quieto horas durante la parte más calurosa del día. Un sistema de ventilación de los hemisferios cerebrales le permite resistir condiciones ambientales muy duras. Pero a medida que me acercaba a uno, se alejaba. Distancia de fuga corta, unos cincuenta metros.

El tercero que me encontré no huía; parecía dormir, se dejaba acercar hasta tocarlo. Era de chatarra.

El animal, relleno hasta la mitad, aguardaba a los seres humanos para su existencia real. A través de la malla metálica pudimos estimar la antigüedad de los desechos.

Llenar un oryx en el Namib, donde el turismo es muy escaso, lleva varios años.

HUELLAS
El tótem de la bahía de Sandy, Ciudad del Cabo (Sudáfrica)

Huellas

Cuerdas para empacar, Creuse (Francia)
El tótem de la bahía de Sandy, Ciudad del Cabo (Sudáfrica)
Cortafuegos, Maïdo (Reunión)
Una piedra en el desierto, Mhamid (Marruecos)

La esencia del arte involuntario se resume en una palabra corta y consonante, una palabra de sotobosque, cuando el rastro impreso en el humus es todavía un enigma: huellas.

El encuentro con el ser humano, el ser humano ausente, se hace a través de las trazas de su saber hacer y de su negligencia. Algo olvidado sobre el terreno: aquel billete del metro de París en la jungla de Ranomafana, un lugar al otro lado del mundo, justo allí, detrás de un arbusto.

Dominio y abandono, distracción natural del individuo por la obra que ha dejado de paso.

El planeta, una máquina de la memoria, registra los pasajes y no los juzga. Las huellas siempre acaban desapareciendo, pero inscriben su historia en aquella más general, la de la evolución. Fomentan un genoma. Estas son las etapas inocuas en la construcción de un paisaje.

Cuerdas para empacar, Creuse (Francia)

Ya no se encuentran empacadores en los campos, pero las cuerdas han conservado su nombre. Todavía se usan para las pacas de heno que unas enormes empacadoras diseminan por los campos.

Hay cuerdas rojas, negras y azules: fibras de plástico teñidas y trenzadas en cordeles. Los agricultores reciben las hebras ya cortadas al tamaño de la paca. Las ensamblan en fardos fáciles de transportar que colocan aquí y allá para diversos usos, en una estaca, en la puerta de un granero, en la propia cerca.

En este caso, las cuerdas eran azules, ligeramente fosforescentes, y sus hebras adoptaban un movimiento giratorio, como el drapeado de un vestido. Esta forma confería una languidez sofisticada y preciosa al pequeño desorden agrícola monótono y confuso. A esta hora tardía del verano, todavía húmeda, la huella en este recodo del camino era solícita: alguien había pasado por allí o estaría por pasar.

El tótem de la bahía de Sandy, Ciudad del Cabo (Sudáfrica)

Los Mares del Sur tienen pocas zonas de marea. En esta parte del mundo, los continentes se encogen y su costa, mal expuesta a la fuerza del oleaje, acoge pocos desechos flotantes.

En las playas se encuentran enormes algas arrancadas del fondo marino por las tormentas. Se encogen al secarse y sus hojas endurecidas por el aire salado evocan la estructura arbórea de nuestros viejos árboles dañados en invierno.

Sin embargo, entre las algas y las conchas arrojadas a la orilla, sucede que un cordaje, un flotador, cualquier embalaje que se enrede entre las algas, acaba viajando con ellas.

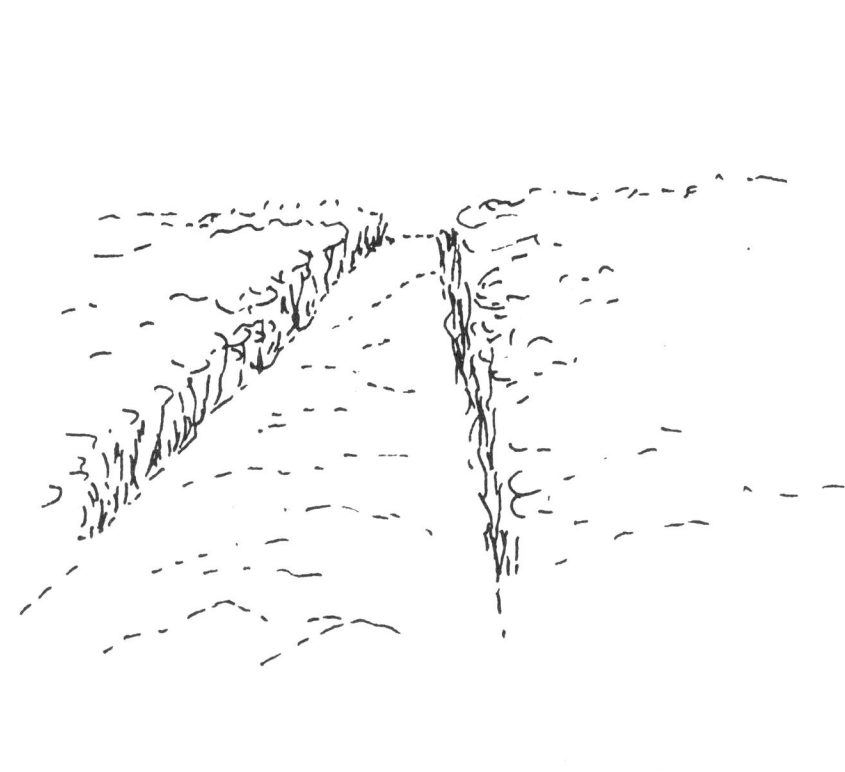

En la bahía de Sandy, los usuarios de esta playa virgen están acostumbrados a recoger cualquier cosa que no sea producto del mar y apilar lo que han recogido en una estaca que resista el oleaje.

Con el tiempo, el tótem cambia de detalles, pero conserva la forma de un chamán abigarrado y completamente oculto por la acumulación de adornos.

Se trata de un objeto compacto, huella única de una acción que, sin embargo, es dispersa.

Cortafuegos, Maïdo (Reunión)

El poder que tienen las instituciones sobre el espacio es brutal y banal.

El principio de la utilidad pública se impone de antemano ante el público, la ciudadanía, a la que se considera ignorante de las condiciones de su propio bienestar. ¿Quién se opondría a la autopista, al tren de alta velocidad, a una nueva ciudad?

El paisaje occidental puede leerse como un despiece utilitario. Cada una de las actuaciones está vinculada a su vecina gracias a vías de comunicación imprescindibles y magníficas.

El cortafuegos es una anomalía en el juego de las redes viarias. Este corredor no deja pasar nada, ni una carretera, ni una línea eléctrica, ni, sobre todo, el fuego.

En Maïdo, poco antes de los picos, el cortafuegos aparece como una herida radical y gratuita practicada en un brezal, un carril infinito de bordes estrechos. Un gesto que ningún artista osaría hacer sin que lo tomen por bombero.

Sin embargo, ¿qué huella es más evidente de un paso sobre la Tierra?

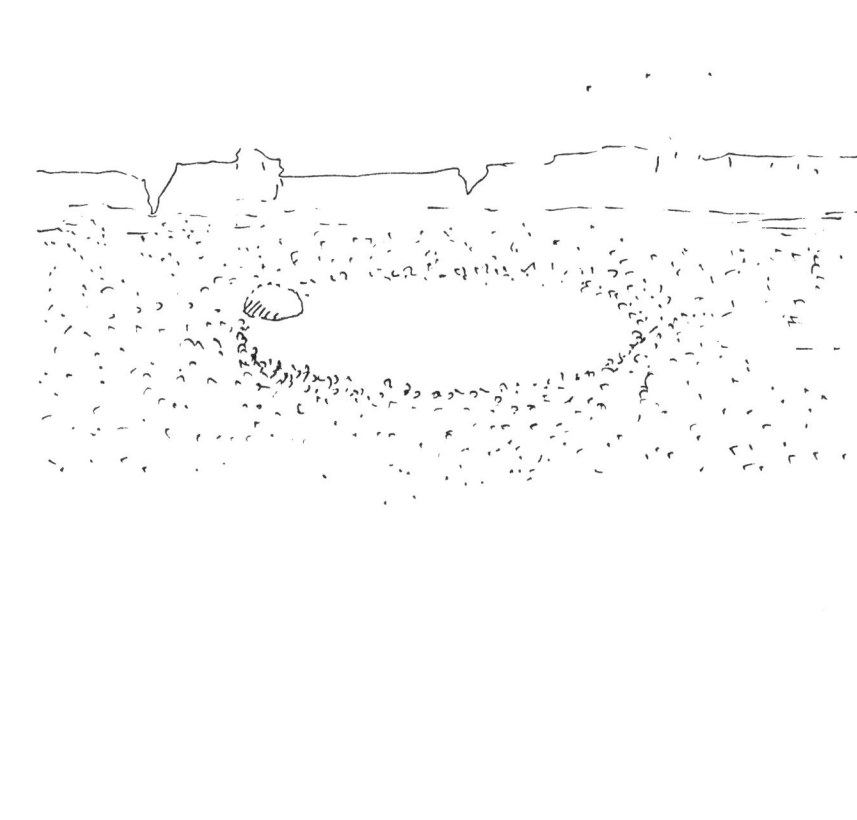

Una piedra en el desierto, Mhamid (Marruecos)

El reg del valle inferior del Draa es plano como un *chott*.* El río se pierde allí. Nunca alcanza el mar.

Allí, al borde de la pista que va a Mauritania, unos guijarros del desierto, dispuestos en círculos, crean una superficie lisa del tamaño de una persona recostada.

A su alrededor no hay nada parecido a esta disposición. Es una cama individual orientada al norte por una piedra redondeada más grande que el resto: una almohada.

Restos de un sueño cuidadosamente preparado entre la mayor de las miserias.

Huella de una noche sumaria y suficiente.

* *Chott*: lago salado situado en las regiones semiáridas de África del Norte [N. del T.].

APARICIONES
Tren de alta velocidad París-Marsella, primera clase (Francia)

Apariciones

Jugadoras de bolos, Christchurch (Nueva Zelanda)
Las monjas, Pompeya (Italia)
Los girasoles de Pamplemousses, isla de Mauricio
                                (República de Mauricio)
El impermeable, Ciudad Prohibida, Pekín (China)
Tren de alta velocidad París-Marsella, primera clase (Francia)
La clase de natación, Saint-Denis (Reunión)
Cangrejos, islas Galápagos (Ecuador)
Los topos de Lemosín (Francia)

Jugadoras de bolos, Christchurch (Nueva Zelanda)

Todo está dispuesto para el club: el blanco, el uniforme, el acceso solo a mujeres, el césped cortado. Solo las bolas reflejan la ambigüedad de una limpieza perfecta: son negras.

Las monjas, Pompeya (Italia)

En los escalones que conducen al nivel superior del anfiteatro, en septiembre, en una Pompeya desierta, aparecen unas monjas. Sus hábitos iluminan por un instante el horizonte para luego hundirse en la arena donde los gladiadores enseñaban sus músculos. Desaparecen entre risas.

Los girasoles de Pamplemousses, isla de Mauricio (República de Mauricio)

Los girasoles, margaritas alocadas, adornan sin prestigio el jardín de Pamplemousses. De repente adquieren el estatus de estrella en el centro del parque: la flor más grande preside la escena. Inquietud y distancia: la confrontación de amarillos plantea problemas en los que nadie piensa *a priori*.

El impermeable, Ciudad Prohibida, Pekín (China)

Entre la multitud ordinaria y gris de los primeros turistas chinos con permiso para entrar en la Ciudad Prohibida, una mujer aparece y desaparece en un minuto. Su impermeable es del color de los muros: solo la vemos a ella.

Tren de alta velocidad París-Marsella, primera clase (Francia)

Desde un punto de vista estadístico, las posibilidades de que una persona vestida de rayas se siente en un asiento con el mismo ritmo de rayas y las mismas gamas cromáticas son escasas. Para observar este fenómeno, es necesario subirse a un vagón de primera clase del tren de alta velocidad y esperar unos cincuenta años con una cámara fotográfica de senescencia/obsolescencia no programada.

La clase de natación, Saint-Denis (Reunión)

Solo la voz del profesor de natación, que ordena a los nadadores que se agrupen mientras chapotean según un ritmo preciso, permite, por un instante, obtener una flor. Esta planta acuática, que se despliega como los nenúfares, alcanza un diámetro de tres metros, superando así las bandejas flotantes de la *Victoria regia* del jardín de Pamplemousses de la isla vecina.

Cangrejos, islas Galápagos (Ecuador)

Como si ya estuvieran cocidos, los cangrejos rojos de la isla de Santiago se quedan quietos sobre las rocas de lava el tiempo suficiente para verte pasar. Luego se tiran al mar.

Los topos de Lemosín (Francia)

Incidencia del blanco: la nieve que se posa en los montículos de tierra de los topos crea un paisaje punteado y, desde lejos, denuncia la presencia de animales.

Acumulaciones
Lecho del río Swakop, cosecha de arcilla (Namibia)

Conclusión

El árbol de Cazneaux (Australia)

Es la mirada la que construye el paisaje, y es en la memoria donde se queda.

La imagen sublime de un instante se convierte en arte y, a través de este inevitable proceso de apropiación del espacio, el arte se convierte en patrimonio.

Al hacerlo, completa su viaje y muere en gran sacralidad, como en los museos.

Este es el caso del árbol de Cazneaux, un hermoso eucalipto destripado, fotografiado entero a principios de siglo XX mientras el artista paseaba por los montes Flinders. Harold Cazneaux se hizo famoso, el árbol se volvió sagrado. Frente al eucalipto se colocó un pequeño monumento con la fotografía original. Pueden observarse simultáneamente el modelo y su imagen, separados por unos años y unos pocos metros.

Una vez muerto el árbol, archivada la foto y olvidado Cazneaux, ¿en qué se convierte el paisaje?

El arte involuntario se cuela por entre las grietas del tiempo. Huye de las clasificaciones patrimoniales y, como todo aquello que vacila ante el exceso de luz, circunvala las zonas predecibles de la decencia, se queda a la sombra, salvaje.

Pero, por instantes y con ánimos de jugar, aparece sin previo aviso, salvajemente, en lugares superpoblados o en desiertos, una escena menor, fuera del alcance de la vista.

Y allí, gloria solitaria, ofrece sus respuestas huérfanas, pues sabemos que nadie hace preguntas sobre él.

Y brilla por un tiempo.

Las monjas, Pompeya (Italia)

Apariciones
Argán con cabras, carretera de Esauira (Marruecos)

CONSTRUCCIONES
Bloques de carbón, isla del Rey Dragón, Yuanmingyuan
(antiguo palacio de verano), Pekín, China

APARICIONES
Jugadoras de bolos, Christchurch (Nueva Zelanda)